LA LIBERTÉ OMNIBUS

PRÉCÉDÉE

DE LA RÉFUTATION

DE CE QU'A DIT SUR LE MÊME SUJET

M. LAROMIGUIÈRE,

OU

Testament d'un philantrope en faveur de l'humanité.

Par M. B........

Paris,

CHEZ L'ÉDITEUR,

Montagne Sainte-Geneviève, n. 47;

PALAIS-ROYAL,

Chez tous les Libraires de Nouveautés.
1829.

Ce faible essai que nous offrons au Public, est la pierre d'attente de deux ouvrages fondus en un seul, que l'auteur se propose de publier incessamment sous les deux titres suivans :

1° *Réflexions morales philosophiques et métaphysiques, suivies d'un mot sur l'origine et la nature des idées abstraites.*
2° *Exposé sommaire du sytème de l'univers dans l'homme,* etc., etc.

A. PIHAN DELAFOREST.
Imprimeur de Monsieur le Dauphin et de la Cour de Cassation,
rue des Noyers, n° 57.

RÉFUTATION

DE CE QU'A DIT SUR L'ARTICLE DE LA LIBERTÉ UN SAVANT PROFESSEUR DANS SON OUVRAGE INTITULÉ : *Leçons de Philosophie, ou Essai sur les facultés de l'Ame.*

Un philosophe dont le mérite ne saurait être méconnu (M. Laromiguière), après avoir, avec l'élégante simplicité d'élocution qu'on lui connaît, habilement analisé les différentes opérations de l'ame, croit devoir trouver le fondement de la liberté dans le principe de son activité. L'expérience, dit-t-il, nous force de reconnaître deux attributs dans l'ame, la sensibilité et l'activité. Par la sensibilité, l'ame est susceptible d'être modifiée, par l'activité, elle peut se modifier elle-même, c'est-à-dire, si je ne me trompe, qu'elle peut à son gré se soumettre ou non aux impressions qu'elle reçoit. Il y a, dit-il, un peu plus haut, dans le mystère de l'entendement humain, deux séries de faits en sens inverse ; 1° action de l'objet sur l'organe, de l'organe sur le cerveau, et du cerveau sur l'ame ; 2° action ou réaction de l'ame sur le cerveau, communication du mouvement reçu par le cerveau à l'organe qui fuit l'objet, ou qui se dirige vers lui. Avant de réfuter une opinion qui, quoique ayant pour elle une aussi puissante autorité, nous a laissé le regret de ne pas y rencontrer tout l'éclat des lumières de la raison, nous nous sommes fait un devoir de rapporter les propres paroles de l'auteur, voulant par là nous éviter le reproche si souvent mérité de dénaturer le sens des mots, pour pouvoir asseoir plus librement la critique que l'on se propose de faire des idées qu'ils expriment.

Nous nous plaisons d'ailleurs à dire d'avance, qu'abstraction faite du respect que nous impose l'auteur que nous nous permettons de réfuter, attaché comme nous le sommes de cœur à sa doctrine, nous aurions à nous féliciter de nous être mis dans le cas de mériter l'honneur d'une réfutation qui pût forcer notre conviction.

Du pouvoir qu'a l'ame par la puissance de son activité de contrebalancer, si je puis ainsi m'exprimer, l'action des impressions qui lui viennent du dehors, de réagir sur les sensations, de s'y soumettre ou de leur résister, en un mot de se modifier elle-même résulte, suivant M. Laromiguière, la preuve de la liberté de l'homme, de cette liberté si désirable pour tous ceux qui, en supposant qu'ils n'en dussent avoir d'autres preuves que les raisons auxquelles nous nous proposons de répondre, ne verraient, dans la réalité suivant nous du système contraire, une cause de regrets, que parce que ne réfléchissant pas qu'il n'y a, en fait de sentimens de choses réelles et véritables, que celles qui se trouvent d'accord avec la raison, ils ne s'apercevraient pas que tout ce qui leur paraît prendre en contradiction avec leur raison le caractère de la vérité n'est et ne peut être que le résultat de l'habitude où ils sont depuis long-temps de le considérer sous un point de vue autre que celui sous lequel il devrait leur apparaître.

Qui ne voit combien ce sentiment de l'auteur que nous citons est plus spécieux que solide? Ses raisons loin de nous paraître établir le principe de la liberté, ne doivent-elles pas au contraire nous paraître le détruire? L'ame suivant lui se modifie, et c'est parce qu'en se modifiant elle change l'effet des impressions qu'elle reçoit qu'elle devient libre; mais nous le demandons: qu'est-ce qu'une ame que l'on suppose d'une nature infiniment supérieure à la matière, qui devient cependant soumise à la nécessité de se modifier? Une ame qui peut se modifier est-elle autre chose qu'une substance divisible, et une substance divisible autre chose qu'un être matériel ? Cette nécessité à laquelle l'auteur soumet l'ame de se modifier, ne devrait-elle pas la placer au-dessous de la matière, au-dessous de la nature des causes des impressions qu'elle éprouve? Quoi! à chaque impression qu'elle recevra, elle se modifiera, elle changera de nature, elle cessera d'être la même! N'est-ce pas la réduire à une condition pire que celle de la matière qu'à cause de sa mutabilité les anciens philosophes ont mise au-dessous du rien. Car bien que d'après nos idées la substance ne cesse pas d'être la même, malgré les changemens qu'elle éprouve, chaque modification qu'éprouve un corps n'en fait pas moins un corps nouveau; de telle sorte que de chaque nouvelle impression devant naître une nouvelle ame, il doit devenir absurde de prétendre que la liberté puisse consister dans cette prétendue faculté qu'aurait l'ame de changer son mode d'être à chaque impression différente. Qui ne verrait au contraire dans cette prétendue métamorphose le résultat d'une pure passibilité? qui ne voit d'ailleurs que le sens rigoureux du mot liberté, ne saurait être exprimé par le sentiment de la simple faculté qu'aurait l'ame de se modifier ou de modifier elle-même ses impressions? Le pourquoi de ces modifications laisserait toujours, en dehors de la base de cette prétendue liberté, des raisons que ne sauraient détruire ses plus zélés partisans. Ils ne peuvent s'arrêter où ils sont sans se condamner à demeurer dans un état de dépendance et de dérivation qui est celui de tout effet qui tend les bras à sa cause.

La même objection est à faire à la raison du choix permis à l'homme, joint à la faculté qu'il a de le peser, de le balancer, etc., et de ne se déterminer qu'après délibération. Le plus simple dilemme doit suffire pour renverser l'édifice d'une liberté aussi fragile. Qui pourrait reconnaître le principe d'une liberté indépendante dans la seule existence de la possibilité d'un choix toujours soumis à une cause quelconque? Etre libre c'est ne dépendre de rien, or tout choix dépend de sa cause, donc un choix n'est pas libre. Les mots choix et liberté impliquent entre eux contradiction; ce qui peut se dire de l'un ne peut se dire de l'autre. A l'égard de l'induction en faveur de la liberté, du pouvoir qu'a l'homme de balancer et peser ses motifs, et de ne se déterminer qu'après délibération, elle se détruit d'elle-même par la raison que l'homme quoiqu'il puisse faire restera toujours soumis à l'influence de leur poids qu'il sera malgré lui forcé de respecter, et dont la nature demeurera toujours indépendante de sa volonté, et par celle enfin que le résultat ou le terme de sa délibération ne sera autre que celui de sa soumission à celle des causes qui aura le plus puissamment agi sur lui. L'homme dans cette dernière hypothèse pourrait être comparé au balancier d'un pendule en mouvement dont le point de repos doit être celui de l'équilibre produit par la résultante de toutes les forces motrices; de même que le balancier cède à la résultante de ces forces, de même l'homme pourrait paraître céder à la résultante de la combinaison des diverses causes qui auraient agi sur lui.

Pour qu'il y ait liberté, il faut que l'ame

ne trouve qu'en elle la cause de ses actes, or s'il en est ainsi, la moralité de ses actes ne peut dépendre d'un choix dont l'auteur que nous combattons fait dépendre sa prétendue liberté.

Prouvons enfin d'une manière irrésistible qu'on ne saurait trouver la preuve de la liberté dans celle qu'en croit donner M. Laromiguière en disant que l'ame a la faculté de se modifier ou de modifier ses sensations. Pour que cette prétendue preuve en fût une, il faudrait que de ce que l'ame aurait la faculté de se modifier, on pût induire que l'exercice ou l'usage de cette faculté est inséparable de l'existence même de cette faculté, or c'est ce qui ne saurait être raisonnablement soutenu ; mais la condition de l'exercice ou de l'usage que peut faire l'ame de la faculté qu'elle a de se modifier, ne peut être que dans les motifs qui doivent la déterminer, c'est-à-dire, que dans les raisons qu'elle doit avoir d'agir, raisons qu'elle ne peut trouver que dans la sensation, c'est-à-dire dans l'objet senti, qu'elle doit avoir senti d'abord pour pouvoir l'apprécier, et trouver en lui la raison qu'elle peut avoir de le modifier ou de se modifier elle-même à son approche, or si la raison de l'exercice de cette faculté est elle-même subordonnée à la puissance de la cause de la sensation, n'est-il pas évident que bien que l'on veuille tenir à ce que la faculté soit indépendante de la sensation, on ne peut nier que l'exercice de cette faculté n'en soit lui-même dépendant; mais alors qu'importe à la question de la liberté que la faculté de l'ame soit indépendante, si l'exercice de cette faculté est lui-même dépendant, c'est-à-dire, si cette faculté bien qu'étant sans la sensation, n'est néanmoins capable de rien sans elle, car le produit de la liberté qui ne peut consister que dans le fait d'un acte dû à un principe qui ne doit trouver qu'en lui la cause de ce qu'il fait ne peut apparaître là où n'a lieu nul exercice, nulle opération, et par conséquent nulle espèce d'acte; donc où est la cause de l'exercice de la faculté de l'ame on doit trouver celle des déterminations de l'homme, donc suivant le système que nous combattons les sensations seraient encore les premières causes des déterminations de l'homme, donc il ne serait pas libre, donc la preuve de la liberté doit être autre que celle qu'en a donnée M. Laromiguière. Voici quelques paroles de ce docte professeur, qui prouve suffisamment quel cas il a su faire lui-même de ce qu'il a dit sur l'article de la liberté.

« Si donc quelqu'un d'entre vous, Messieurs, n'était pas satisfait de ce que je vais dire sur la liberté, il ne faudrait pas qu'il se crût en droit d'en rien inférer contre le système des facultés de l'ame, objet de cette leçon, seulement il pourrait en conclure que l'article de la liberté est à refaire. »

Pensant qu'en effet l'article de la liberté était à refaire, nous avons cru, sauf à renvoyer ceux qui ne trouveraient de difficulté à la reconnaître que dans le signe même qui la représente à ce qu'a dit Sénèque en pareil cas touchant la nature de la divinité (1), nous avons cru dis-je, ne pouvoir

---

(1) Vis illum fatum vocare? non errabis, hic est, ex quo suspensa sunt omnia, causa causarum. Vis illum providentiam dicere? recte dices, est enim cujus consilio huic mundo providetur, ut inconcussus eat, et actus suos explicat. Vis illum naturam vocare? non peccabis, est enim ex quo nata sunt omnia, cujus spiritu vivimus. Vis illum vocare mundum? non falleris, ipse enim est, totum quod vides, totus suis portibus inditus, et se sustinens vi sua. *Senec. Quæst.* lib. I, c. 45.

nous dispenser de donner de ce problême important une solution qui nous a paru d'autant plus frappante, qu'elle se trouve renfermée dans le sentiment même de la chose mise en question, et par conséquent dans sa simple définition.

ARTICLE EN FAVEUR DE LA LIBERTÉ

De la Liberté prouvée par sa définition.

Avant de traiter un sujet sur lequel tant et de si habiles écrivains se sont exercés sans résultats, que nous sachions, capables de répondre d'une manière satisfaisante aux vœux de l'humanité ; nous devons prévenir le lecteur qu'en nous hasardant à lui soumettre cet essai sur la question la plus grave et la plus importante, nous avons dû penser que son indulgence nous saurait gré d'avoir fait le sacrifice de notre amour-propre à la noble passion de servir la cause de l'humanité. Nous nous sommes dit, par exemple, que si l'auteur avait naturellement tout à redouter de son obscurité et de la faiblesse de son talent, le hasard pourrait venir au devant de sa louable intention, et sinon lui procurer l'avantage de pouvoir se permettre de se faire l'application de cette maxime d'un sage : *quidquid futurum est summum ab imo nascitur,* du moins lui mériter l'estime inséparable des généreux sentimens exprimés par ce beau vers du poëte latin : *homo sum, humani nihil a me alienum puto*; je suis homme, rien de ce qui intéresse l'humanité ne m'est étranger

De ce qu'avant de pouvoir définir une chose, il faut non-seulement avoir une idée de cette chose, mais encore savoir apprécier la liaison et le rapport qui doivent exister entre chacun des termes de la définition et la chose qu'ils sont appelés à représenter, il résulte que la meilleure preuve que l'on puisse donner de la réalité d'un être, dont l'existence peut paraître impossible, est de le définir, car définir c'est faire de la chose définie le soutien et la substance de chacun des deux termes qui servent à la représenter, c'est pour ainsi dire l'incorporer avec son signe même, c'est en un mot la montrer ce qu'elle est à sa naissance et dans son principe, ce qui équivaut à dire que c'est faire résulter la nécessité de l'existence de cette chose de l'idée qu'on s'est faite de son abstraction.

En disant que deux et deux sont trois, nous commettons une erreur d'autant plus grande qu'à cause de la différence des deux termes deux et deux et trois dont chacun ne représente pas l'autre, elle paraît plus évidemment contraire à la nécessité de l'égalité de rapport entre le tout formé par les deux nombres deux et deux égaux entre eux, et ces deux nombres réunis ; si au contraire nous disons deux et deux sont quatre, nous disons d'autant plus vrai que le rapport d'égalité entre deux et deux et quatre est plus évident, et que le terme deux et deux exprime plus réellement quatre, d'où il résulte que l'objet d'une proposition pour être vrai doit pouvoir être, lorsqu'il est défini, représenté par les deux termes de sa proposition, d'où il résulte encore que lorsque chacun des deux termes de sa définition le représente également sa réalité est suffisamment prouvée.

Mais, dira-t-on, en supposant que nous devions nous rendre aux preuves que vous venez de nous donner, que toutes les fois que les deux termes d'une définition conviennent également à son objet, l'existence de cet objet doit nous être prouvée, nous ne pensons pas que vous deviez en conclure qu'il puisse vous être aussi facile de nous convaincre de la réalité d'une chose qui nous paraît impossible. Votre prétention ne pourrait venir que de l'erreur qui vous porterait à attacher à l'objet de votre définition une idée autre que celle que vous devriez en avoir, comme si, par exemple, donnant à trois la même valeur qu'à deux et deux, vous trouviez moyen d'accorder leurs deux termes. A cela nous répondrons que la raison de l'impossibilité de prouver par la définition l'existence d'une chose impossible, vient confirmer ce que nous avons dit tout d'abord, que l'on ne peut rien définir dont on n'ait auparavant la connaissance et la preuve, et que ce n'est pas aller du même au même que de passer de la proposition de ce qui nous paraît impossible à ce qui nous est démontré être tel.

Que si l'on se croyait en droit de venir nous dire que la liberté est une chose démontrée impossible, et que notre erreur seule peut devenir la base de la définition que nous prétendons en donner, nous répondrions que l'homme n'a pu trouver qu'en lui seul l'idée qu'il a toujours attachée au mot liberté, et que s'il était vrai que nous pussions nous tromper sur son véritable sens, nous ne ferions en cela que partager l'erreur du genre humain tout entier ; qu'il n'en saurait être du mot liberté comme du terme trois qui, en supposant que sa réalité dût dependre de son égalité de rapport avec deux et deux, cesserait d'être attendu. Cette inégalité, puisque le sentiment de la liberté étant un sentiment antérieur à tout autre, ne peut manquer de se trouver en parfait rapport avec le terme dont il a fait choix pour l'exprimer; que s'il est quelquefois tenté d'essayer de combattre le sentiment qu'il en éprouve à chaque instant, il est aussitôt désarmé par sa propre expérience; que le sentiment intime de l'homme, que n'a jamais pu détruire tout ce qui l'entoure, et qui au contraire a toujours su résister à toutes les impressions du dehors, l'a toujours suffisamment convaincu qu'il est en lui une vérité que rien ne saurait affaiblir, et qui de tout temps a prescrit en sa faveur le plus cher et le plus précieux de ses attributs.

Nous répondrions encore que toute erreur a sa cause dans un défaut d'attention duquel est résulté un premier faux jugement, et par suite les idées fausses que nous avons pu nous faire de l'objet que nous avions intérêt de connaître; que nous ne pouvons nous tromper à l'égard du sentiment de la liberté qui est le même pour tous, qui ne nous vient pas du dehors, mais qui est né avec nous, et dont la puissance nous paraît telle dans les moindres comme dans les plus sérieux des actes de notre vie, que nous ne pouvons refuser de nous croire libres sans nous mentir à nous-même; que le sentiment forcé que nous éprouvons de la faculté que nous possédons d'agir librement, quelqu'habitude que nous ayons pu nous faire de la croire impossible, fournit en sa faveur une preuve qui résiste à tous les argumens contraires.

Que si l'on insistait en nous objectant que dans la plupart de nos actes nous cédons à une cause inconnue à laquelle il nous est impossible de remonter, et que c'est parce que nous ne voyons pas cette cause exercer son empire sur nous que nous croyons être libres, nous dirions, avec le philosophe de Ferney, que la preuve de notre liberté résulte encore de ce que nous sentons, que nous agissons librement alors même que, dans nos déterminations, nous croyons reconnaître la présence d'une cause autre que la faculté que nous avons d'agir par nous-mêmes, et que bien que nous ignorions quelle peut être la nature de cette faculté, nous la reconnaissons suffisamment par le sentiment que nous en éprouvons.

Enfin nous ajouterons à ce qui précède l'autorité de cet axiome de l'illustre auteur de l'art de penser. L'existence est renfermée dans l'idée de tout ce que nous concevons clairement et distinctement. Que pouvons-nous en effet trouver de plus clair et de plus distinct que l'idée que nous avons de notre liberté qui devient pour nous une vérité de sentiment que rien ne peut affaiblir ?

Si, comme nous venons de le prouver,

définir une chose avec exactitude, c'est en constater la réalité, nous devons, pour atteindre le but que nous nous sommes proposé, celui de prouver que l'homme est né libre, terminer par une définition de la liberté ce que nous avions à dire sur cet article.

DÉFINITION.

La liberté est une faculté dont le principe qui réside dans l'homme fait qu'il trouve en lui seul la cause de ses déterminations relativement aux choses qui lui sont soumises, ou si l'on aime mieux, la liberté est la faculté qu'a l'homme de vouloir, et de pouvoir se déterminer par lui-même, et indépendamment de tout ce qui n'est pas lui, relativement aux choses qui lui sont soumises.

CONCLUSION.

L'homme en tant qu'esprit, intelligence et être capable de volonté, est libre parce qu'il est lui-même sa propre loi, sa propre nécessité, le centre de la cause de ses actes, un être unique dont la seule opération consiste à vivre de son être, un être en un mot qui renfermant un tout ne peut connaître d'autre nécessité que celle d'être parce qu'il est.

PARIS, de l'Imprimerie d'A. PIHAN DELAFOREST.

www.ingramcontent.com/pod-product-compliance
Lightning Source LLC
Chambersburg PA
CBHW071427060426
42450CB00009BA/2062